Ciberseguridad…
¿Por qué no?

Guía básica para iniciar una carrera en Ciberseguridad
#NoTodosSomosHackers

Grettel Acuña

ISBN: 9798302219763
Imprint: Independently published

A mis sobrinos que tienen un mundo por descubrir.

A mis sobrinos que tienen un mundo por descubrir.

"You have brains in your head. You have feet in your shoes. You can steer yourself any direction you choose. You are on your own. And you know what you know. And YOU are the one who will decide where to go."

- *Dr. Seuss*

Índice

Introducción.. 09

Ciberseguridad en las empresas................................. 11

¿Por dónde comenzar?... 11

Ciberseguridad... ¿Tengo que ser un hacker?............... 12

Los pilares de Ciberseguridad.................................... 13

Gobernanza, Gestión de Riesgos y Cumplimiento........... 16

Seguridad de Operaciones... 33

Seguridad de Ingeniería.. 45

Gestión de Identidad y Acceso................................... 51

Otros departamentos.. 55

Otros roles... 59

CISO y su equipo de liderazgo.................................... 61

Ciberseguridad en otras organizaciones........................ 64

Departamentos especializados e independientes............. 64

Conocimientos técnicos... 68

Habilidades blandas.. 75

Idiomas.. 78

Mentoría.. 79

Conexiones profesionales... 79

Desarrollar un plan de acción..................................... 81

Introducción

Cada año se publican estudios, resultados de encuestas e investigaciones que demuestran la brecha que existe entre la cantidad de profesionales en el área de Ciberseguridad (oferta) y las necesidades del mercado (demanda). Los estudios demuestran que la oferta sigue siendo, por mucho, menor que la demanda y que la brecha seguirá creciendo en los próximos años. Probablemente esto te llevará a pensar en buscar trabajo en este rubro, y si bien es cierto que Ciberseguridad requiere de todo tipo de profesionales, ya sea que estes por comenzar tu carrera profesional en el mundo laboral o que quieras cambiar de área y veas ésta como una buena opción, te recomiendo que hagas una pausa antes de saltar a buscar trabajo en base a tus conocimientos y habilidades actuales e inviertas tiempo a prepararte para obtener mejores resultados.

En los últimos años, muchas personas se han acercado a pedirme ayuda para empezar su carrera en Ciberseguridad. He acompañado a algunas desde su transición de otra área de negocios hasta tomar un rol de gerente y otras a dar sus primeros pasos. Después de ver los resultados, he decidido escribir este libro que espero te ayude a definir tus primeros pasos para iniciar una carrera en Ciberseguridad.

Adicionalmente, decidí escribir este libro en español ya que hay que reconocer que gran parte del contenido de Ciberseguridad está solo disponible en inglés, por lo que este libro te ayudará a tener un primer acercamiento en tu propio idioma. Sin embargo, debemos recordar que el inglés es el principal idioma de negocios, de manera que, será imperativo que lo domines lo antes posible.

En caso de que tu objetivo no sea iniciar una carrera en el área, espero que este libro te ayude para entender mejor lo que hace la organización de Ciberseguridad en una empresa y la variedad de roles que pueden existir. También te puede servir para ampliar tu visión del mundo, ya que *#NoTodosSomosHackers*.

Ciberseguridad en las empresas

La organización de Ciberseguridad actualmente se diseña en base a que tan grande es una empresa. De modo que encontraremos que las micro, pequeñas y medianas empresas por lo general no tienen una organización o departamento como tal. En su lugar cuentan con una organización de Tecnologías de la Información (TI, o IT por sus siglas en inglés) que también lleva a cabo tareas de Ciberseguridad, o usan un servicio de consultoría. Por esta razón, en este libro nos enfocaremos en las grandes empresas que suelen tener una práctica definida y, en consecuencia, más diversidad de puestos donde tus conocimientos y habilidades pueden encajar.

Sin embargo, si tu deseo es trabajar en una micro, pequeña o mediana empresa, u ofrecer servicios de consultoría a las mismas, el contenido de este libro te ayudará a entender la diversidad de conocimientos que deberás tener para asegurar una práctica ética y con responsabilidad de la Ciberseguridad.

¿Por dónde comenzar?

Aunque no lo parezca, Ciberseguridad es un área muy amplia y en constante cambio, por eso es recomendable comenzar por entender los principales pilares (departamentos) que la componen y después definir con cuál te identificas mejor.

La clave de este ejercicio será identificar el pilar que despierta en ti una *pasión* por aprender y que será de tu interés seguir desarrollándote en el mismo a un largo plazo.

Ya que, como muchas otras carreras profesionales, el área de Ciberseguridad requiere que los profesionales estemos en constante actualización a través de cursos, libros, noticias, conferencias, investigación, certificaciones, especializaciones, etc. En caso de que te lo estes preguntando, si es posible cambiar el pilar en el que te quieras desarrollar en un futuro, sin embargo, dependiendo del tipo de cambio que quieras hacer, el esfuerzo para prepararte para el mismo puede ser significativo en cuestión de tiempo y esfuerzo. Por ello, es importante tomarte el tiempo para decidir y hacer un plan de desarrollo acorde al objetivo que quieras lograr a corto y largo plazo.

Ciberseguridad... ¿Tengo que ser un hacker?

Antes de adentrarnos en los pilares de la Ciberseguridad es importante asegurarnos que todos tenemos el mismo contexto, entonces... ¿Cómo defines Ciberseguridad?
De acuerdo con el glosario de términos proporcionado por el National Institute of Standards and Technology (NIST), Ciberseguridad es:

> *"La habilidad de proteger y defender el uso del ciberespacio de ciberataques."*

Las palabras *"proteger"* y *"defender"* ya comienzan a darnos una idea de lo que se espera de todos los profesionales de Ciberseguridad. Una vez que te unas a la práctica, te darás cuenta de que esas dos palabras resonarán con el objetivo final de las actividades que vas a desempeñar en el día a día.
A lo largo de este libro, usaremos los términos de *"Ciberseguridad"* y *"Seguridad"* de forma intercambiable, alineado con su uso en la práctica.

Considerando que antes mencionamos que, en algunas empresas, las tareas de Ciberseguridad son desempeñadas por el personal de TI, sería justo preguntarnos ¿cuál es la relación de la Ciberseguridad con el área de Tecnologías de la Información (TI)?

Pues bien, la realidad es que las dos áreas están íntimamente relacionadas. Pensemos en TI como tu cuerpo y la Ciberseguridad como tu sistema inmunológico. Tu sistema inmunológico *protege* y *defiende* a tu cuerpo de amenazas externas (virus, malware). Esto significa que, **tener conocimientos sobre TI será una parte fundamental para iniciar tu carrera en Ciberseguridad, ya que te dará las bases que necesitas para entender conceptos y tecnologías más complejas**. Además, en las grandes empresas ambas organizaciones están en constante colaboración en el día a día, por ese motivo los conocimientos en el área de TI serán fundamentales para establecer una buena comunicación.

Entonces, ¿tengo que ser un hacker o tener tantos conocimientos como uno para trabajar en Ciberseguridad? No, eso no es necesario. Como veremos en las siguientes páginas, cada pilar de Ciberseguridad requiere de diferentes habilidades y conocimientos. Al final, que tanto desarrollas tus habilidades es una decisión personal y viene de la mano con que tanto deseas crecer profesionalmente.

Los pilares de Ciberseguridad

Ahora que hemos cubierto los diferentes aspectos fundamentales del área, es momento de profundizar. En las próximas secciones hablaremos de los principales pilares de Ciberseguridad en mayor detalle.

En otras palabras, los principales departamentos que encontrarás dentro de la organización de Ciberseguridad en una empresa grande:

- Gobernanza, Gestión de Riesgos y Cumplimiento
- Seguridad de Operaciones
- Seguridad de Ingeniería
- Gestión de Identidad y Acceso

Cada empresa u organización modela la práctica de Ciberseguridad de acuerdo con sus necesidades, por lo tanto, los nombres de los pilares y los nombres de los roles que revisaremos pueden variar de una a otra. Pero no te desanimes, lo importante es que te enfoques en los conocimientos y las habilidades clave requeridas por el pilar o rol especifico que quieras desempeñar.

Gobernanza, Gestión de Riesgos y Cumplimiento

En inglés este pilar se denomina *Governance, Risk Management, & Compliance (GRC)*. Este departamento se encarga de proveer una forma estructurada de abordar la gestión de los riesgos y cumplir con las regulaciones que aplican a la empresa mientras se alinea la visión de seguridad con los objetivos de la compañía de una forma ética. En otras palabras, si bien es cierto que la seguridad es lo primordial, se debe buscar un balance ético para que ésta no interfiera con la continuidad del negocio. Se puede decir que GRC opera en la escala de grises en cuestión de decisiones haciendo uso de la evaluación de riesgos para mostrar otra perspectiva de las situaciones. No todo es completamente blanco o negro. Por lo tanto, este pilar siempre está en continua comunicación y colaboración con el resto de la organización.

El pilar de GRC suele igualmente hacerse cargo de otras actividades clave para la organización de Ciberseguridad, por lo cual también las abordaremos en esta sección:

- Programa de Concientización y Entrenamiento de Seguridad
- Auditorías de Ciberseguridad
- Soporte
- Programa de Continuidad del Negocio

Gobernanza

El objetivo de esta área es preparar el terreno para las operaciones. Esto se hace mediante la definición de las políticas de seguridad que describen cómo la organización va a funcionar, cómo está compuesta, roles y responsabilidades, cómo va a colaborar Ciberseguridad con el resto de la empresa y dentro de la misma organización, cómo se hará la toma de decisiones y cómo se asegurará que la organización contribuya a los objetivos de la empresa. Las políticas deben asegurar que las personas, los procesos y la tecnología estén alineados con el objetivo de la organización de Ciberseguridad que a su vez se alinea a los objetivos de la empresa.

Dedicarse a escribir políticas, estándares y procedimientos podría sonar como una tarea fácil, sin embargo, no lo es del todo. Además de facilidad para escribir documentos formales claros y precisos, esta actividad requiere principalmente de análisis, investigación, creatividad, y colaboración. Revisemos el siguiente ejemplo para entenderlo mejor:

> Supongamos que eres contratado como analista para el área de Gobernanza de Ciberseguridad de una empresa.
>
> La organización de Ciberseguridad ya cuenta con un robusto conjunto de políticas que cubren la operación del día a día. Sin embargo, dado el surgimiento de las nuevas tecnologías de Inteligencia Artificial (IA) y su creciente adopción, se debe definir y escribir una política sobre el uso seguro de las mismas.
>
> Esto implica investigar las tecnologías, analizar su posible aplicación en la empresa y determinar las reglas para su uso seguro.

Dependiendo del tipo de empresa, puede que la investigación y análisis te lleve a contactar otras áreas de la compañía que deben de ser consideradas en ciertos escenarios, como el departamento de Legal.

Una vez concluido el proceso de investigación y análisis, ahora si puedes escribir tu propuesta, la cual debería de estar alineada con el lenguaje y estructura de las políticas existentes. Muy probablemente, después de eso, la propuesta deberá pasar un proceso de aprobación durante el cual deberás estar abierto a recibir críticas, sugerencias, y preguntas sobre tu propuesta. Finalmente, la nueva política deberá de ser compartida con el resto de la empresa. Es posible que el área de Gobernanza ya tenga un proceso definido para esto, pero si no es el caso, te tocará hacer uso de tu creatividad para determinar la mejor forma para comunicar la nueva política y asegurar su adopción.

El área de Gobernanza normalmente requiere de analistas de seguridad (*Information Security Analyst/Specialist, Governance Analyst/Specialist*) que tengan una combinación de conocimiento técnico y habilidades blandas (*soft skills*). Como se revisó en el ejemplo, los conocimientos técnicos no requieren ser tan profundos, sin embargo, deben de darte la habilidad de realizar las actividades diarias y comunicarte de forma efectiva. Un entendimiento en general sobre TI y Ciberseguridad debería de ayudarte a comenzar en este pilar.

En cuestiones de tecnología, hay organizaciones que adoptan un software especializado para manejar el ciclo de vida de sus políticas, lineamientos y procesos. Otros optan por el uso de las herramientas y portales disponibles en la compañía. Deberás estar abierto a adoptar la tecnología disponible y hacer uso de tu creatividad para proponer mejoras.

Si actualmente tienes un empleo, buscas un cambio de carrera y crees que ésta es el área perfecta para ti, comienza por investigar si tu empresa cuenta con políticas de Ciberseguridad. Analiza cómo están escritas, los roles y responsabilidades. Pregúntate si es algo que tú podrías escribir y mantener a largo plazo. Si la empresa en la que trabajas no cuenta con políticas de Ciberseguridad, valdría la pena preguntar por qué, tal vez encontraste una oportunidad para la empresa y para ti.

Gestión de Riesgos

El principal objetivo de esta área es la gestión del ciclo de vida de los riesgos de seguridad en cada una de sus fases: identificación, análisis, evaluación, priorización, monitoreo, y remediación. Todo esto se lleva a cabo considerando la tolerancia y apetito por riesgo de la empresa. Generalmente, una metodología es establecida para asegurar que todos los riesgos son evaluados de la misma forma, y es formalizada en las políticas de Ciberseguridad.

Con la gestión de riesgos vienen una serie de diversas tareas que los analistas en esta área deben llevar a cabo. A continuación, te presento una lista general:

- Definición de la metodología de evaluación de riesgos, la definición del modelo de tolerancia y apetito de riesgo.
- Identificación de los componentes críticos de la compañía en forma de información y la infraestructura en la que reside la misma, procesos, y personas.
- Identificación de medidas de seguridad existentes y análisis de su efectividad.
- Continua evaluación de la postura de seguridad de la empresa.

- Seguimiento a la remediación de riesgos.
- Implementación de un registro único de riesgos de seguridad. Generalmente, se utiliza un software especializado que pueda adaptarse a las necesidades de la organización.
- Creación de métricas y reportes sobre los riesgos de seguridad para los diferentes niveles ejecutivos.
- Colaboración constante con el resto de la organización de Ciberseguridad y la empresa para la gestión efectiva de riesgos. Esto incluye la comunicación constante con otros departamentos críticos como el de Auditoría Interna y de Gestión de Riesgos Empresariales.
- Identificación y análisis continuo de posibles nuevas amenazas de acuerdo con los cambios en la industria (*Strategic Threat Intelligence / Proactive Risk Management*).

El área de Gestión de Riesgos requiere de analistas de riesgos (*Risk Analysts*) que tengan una combinación de conocimiento técnico y habilidades blandas. La habilidad clave de estos analistas es la creatividad.

Podría sonar muy extraño, pero la evaluación de riesgos requiere hacer uso de tu conocimiento técnico para imaginar todos los posibles escenarios de explotación del riesgo que estas evaluando, y así, determinar cómo podría afectar a la empresa en los diferentes aspectos (financiero, operacional, cumplimiento, reputacional, etc.). Revisemos el siguiente ejemplo para entenderlo mejor:

Supongamos que estás evaluando el riesgo que conlleva un ataque de denegación de servicio (*Denial of Service (DoS)*) a la página oficial de la empresa. Primeramente, será importante entender qué es y cómo se lleva a cabo el ataque, para después proceder a considerar que tan posible es y las consecuencias para la empresa en los diferentes aspectos en caso de ocurrir.

Si actualmente tienes un empleo, buscas un cambio de carrera y crees que ésta es el área perfecta para ti, comienza por investigar cómo se realiza el análisis de riesgos de seguridad en la empresa donde trabajas. Las políticas de seguridad deberían de ser una buena fuente de información. Si este no es el caso, trata de conectarte con alguien en la organización de Ciberseguridad que pueda proporcionarte información.

Gestión de Riesgos de Terceros

El programa de Gestión de Riesgos de Terceros (*Third Party Risk Management (TPRM)*) en algunas compañías suele ser parte del área de Gestión de Riesgos, y en otras, es una división más del pilar de GRC.

Este programa se dedica exclusivamente a la gestión de riesgos relacionados con los proveedores de la compañía. Cada que una nueva relación de negocios se establece entre la empresa y un proveedor, el proveedor será sujeto de una evaluación de riesgos de seguridad para determinar si cumple con los estándares de seguridad esperados. Es importante mencionar que este tipo de evaluaciones son un proceso recurrente, ya que Ciberseguridad siempre está en constante evolución. Igualmente, el proceso debe de seguir la metodología de evaluación de riesgos implementada por el área de Gestión de Riesgos.

Debemos considerar que en los últimos años las operaciones de algunas compañías han sido fuertemente impactadas por incidentes de seguridad ocurridos a alguno de sus proveedores, de modo que tener una práctica bien definida ha cobrado mayor importancia. De igual manera, ahora se espera que el programa considere integrar en sus procesos la gestión de incidentes de seguridad para proveedores, la cual, debería de estar alineada o conectada al programa general de gestión de incidentes de seguridad.

Por lo tanto, este programa igualmente requiere de analistas (*Third Party Risk Analysts*) con las mismas cualidades y preparación técnica que un analista de riesgos.

Cumplimiento

El principal objetivo de esta área es asegurar que tanto la organización de Ciberseguridad como el resto de la empresa se adhiere a los estándares, marcos de referencia, leyes, y regulaciones de seguridad aplicables de acuerdo con la actividad empresarial, el área geográfica donde se opera, y el nivel de madurez de las prácticas de seguridad que se quiere demostrar. Revisemos el siguiente ejemplo para entenderlo mejor:

La empresa para la que trabajas cuenta con una tienda en línea en la que los usuarios pueden hacer compras con su tarjeta de crédito o débito. Esto implica que la empresa puede o no estar obligada a demostrar cumplimiento con la normativa internacional de seguridad para todas las entidades que almacenan, procesas o transmiten datos de titulares de tarjetas (PCI DSS).

Cada día son publicados nuevos estándares, leyes, marcos de referencia, y regulaciones de seguridad, o son actualizados los existentes, por ese motivo esta área está en constante evolución.

Desarrollar un programa de cumplimiento requiere constante investigación, un claro entendimiento de la operación de la empresa, de la misión de la organización de Ciberseguridad y de las políticas de seguridad.

Además de asegurar el cumplimiento de las normativas externas aplicables, esta área debe asegurar el cumplimiento de las políticas de seguridad de la empresa.

Por ello, algunas áreas de Cumplimiento implementan un proceso de excepciones.

Las excepciones a las políticas de seguridad son desviaciones respecto al cumplimiento de estas. En otras palabras, riesgos de seguridad. ¿Por qué llamarlas de otra forma entonces? Pues bien, esta es una decisión alineada al modelo de apetito y tolerancia de riesgos de seguridad. Como se planteó al inicio, GRC tiene la difícil tarea de mediar entre seguridad y continuidad del negocio, por ese motivo hay organizaciones que deciden implementar este instrumento como un proceso intermedio que les ayuda a tener un poco de flexibilidad, sin olvidarse de lo importante que es la resolución del riesgo. Como cualquier otro riesgo de seguridad, las excepciones igualmente pasan por una rigurosa evaluación de riesgos siguiendo la misma metodología definida por el área de Gestión de Riesgos.

Debido a la íntima relación entre Gobernanza y Cumplimiento, es común ver que ambas áreas están combinadas en una sola.

Como te imaginarás, el área de Cumplimiento requiere de analistas (*Information Security Analyst/Specialist*, *Compliance Analysts/Specialist*) ávidos por la lectura. De igual forma, deberán conjugar los conocimientos y habilidades blandas de un analista en Gestión de Riesgos en caso de que el rol incluya la gestión de excepciones.

Si actualmente tienes un empleo, buscas un cambio de carrera y crees que ésta es el área perfecta para ti, las políticas de seguridad deberían de ayudarte a entender lo que espera el área de Cumplimiento, incluso darte claves sobre los principales estándares, leyes, marcos de referencia, y regulaciones de seguridad a los que la empresa debe adherirse. Algunas empresas deciden crear políticas específicas para asegurar que sus prácticas de seguridad se alinean a cierta normativa. Si las políticas no te proporcionaron suficiente información, trata de conectarte con alguien en la organización de Ciberseguridad.

Programa de Concientización y Entrenamiento de Seguridad

Las personas se han convertido en el principal vector de ataque, como resultado, el factor humano más que la tecnología representa el mayor riesgo para una empresa. Por ello, la existencia de un programa de Concientización y Entrenamiento de Seguridad ha cobrado mayor importancia en los últimos años. El principal objetivo de este programa es la gestión y mitigación del riesgo humano para construir una fuerte cultura de seguridad. Es decir, la creación de entrenamientos de seguridad y materiales de concientización, así como otros tipos de contenido, tienen el objetivo de ayudar a cambiar el comportamiento de las personas, incentivándolas a actuar de una forma segura.

Además de su importancia desde el punto de vista de Gestión de Riesgos, este programa cobra relevancia en el área de Cumplimiento. Cada vez más regulaciones, estándares, marcos de referencia, y leyes requieren que las empresas cuenten con un programa robusto, que no solo incluya un entrenamiento anual.

Si eres entusiasta de contar historias de una forma entretenida, crear contenido digital (infográficos, posters, correos, boletines, videos, etc.), organizar conferencias, hablar en público y sientes una pasión por enseñar, tal vez ésta sea el área adecuada para ti. Por supuesto, deberás contar con conocimientos básicos de Ciberseguridad y TI para comenzar, ya que serás visto como un modelo a seguir en cuestiones de comportamientos seguros. Por lo que es posible que el personal de la empresa se empiece a acercar a ti para explicarte ciertas circunstancias y buscar tu guía.

Auditoría

Dependiendo del giro de la empresa, es posible que la organización de Ciberseguridad opte por implementar un programa de auditorías internas para apoyar los esfuerzos del negocio. Normalmente este se enfoca en el cumplimiento de ISO 27001. Esto suele suceder si la empresa ofrece servicios y quiere garantizarles a sus clientes que estos son fundamentalmente seguros, por lo cual elige certificarse en el cumplimiento de dicho estándar.

El estándar de ISO 27001 requiere que las personas que lleven a cabo cualquiera de las auditorías (internas o externas a la empresa) requeridas por el proceso de certificación estén certificadas como auditores.

De igual forma, la entidad que lleve a cabo la auditoría interna debe ser independiente de la entidad auditada. Así pues, en una práctica ética, Ciberseguridad al tomar el rol de auditor, no debería de actuar como la entidad a ser auditada ya que esto comprometería su objetividad.

Los auditores de ISO 27001 llevan a cabo las mismas tareas que otros auditores solo cambia su principal enfoque que en este caso es Ciberseguridad. Deben planear su calendario de auditorías, ejecutarlas en tiempo y forma, analizar la información y evidencia recabada, y reportar resultados finales.

Dado que para poder participar activamente en una auditoría requerirás la certificación como auditor la cual requiere de una gran inversión, puedes comenzar por llevar a cabo las actividades administrativas y observando el proceso. Esto te dará tiempo para prepararte para tener un proceso de certificación exitoso.

Como habrás concluido, los auditores de igual manera requieren una combinación de conocimiento técnico y habilidades blandas. Ya que deben de revisar a detalle la información y evidencia entregada por la entidad auditada, manejar la comunicación y discusiones técnicas que puedan surgir, y garantizar un servicio ético.

Sin embargo, los conocimientos no requieren ser tan profundos, una combinación de conocimientos básicos sobre Ciberseguridad y TI debería de ayudarte a comenzar una carrera como auditor. Lo más importante será que te concentres en conocer y entender los estándares de ISO 27001 y 27002.

Soporte

Dentro del pilar de GRC pueden existir otros programas o procesos orientados a proveer soporte de distintos tipos al negocio y a la propia organización de Ciberseguridad. En esta sección revisaremos algunos de ellos:

- **Programa de soporte a los acuerdos de negocios:** Cuando la empresa está por establecer una relación de negocios con un cliente, recibe una solicitud de información o cuestionario que contiene preguntas sobre su operación (*Request for Information (RFI)*). Este documento tiene el objetivo de recabar información que ayude al cliente a tomar una decisión final sobre el acuerdo de negocios. Por lo general, Ciberseguridad tiene una sección dedicada a describir sus prácticas. La información que se proporciona está basada en las políticas de seguridad y procesos establecidos, por ende, es necesario un claro entendimiento de la organización.

Este programa puede incluir la tarea de revisar el contrato que se firmará con el cliente cuando el mismo incluye cláusulas relacionadas a la operación de la organización de Ciberseguridad. Por lo general, esta actividad se realiza en colaboración con el departamento de Legal de la empresa.

Cundo la relación de negocios ya está establecida y el contrato firmado lo permite, el cliente puede ejercer su derecho a realizar una auditoría de la operación de la empresa. Asimismo, el programa de soporte a los acuerdos de negocios se encarga de atender dichas auditorias.

- **Proceso de obtención y renovación del seguro de Ciberseguridad para la empresa:** En la actualidad, tener un seguro que proporcione soporte a tu empresa en caso de un incidente de seguridad es de suma importancia. Dependiendo de que tan grande sea la empresa, el proceso para adquirir y renovar el seguro se puede volver un poco más complicado. La complejidad reside en recabar y concentrar toda la información requerida, ya que es posible que se requiera no solo la colaboración de la organización de Ciberseguridad, sino también TI, finanzas, legal y otras áreas de la empresa.

Este suele ser un proceso anual para la organización de Ciberseguridad.

- **Proceso de evaluación de la organización de Ciberseguridad:** Conforme la organización va evolucionando, es importante identificar las áreas con oportunidad de mejora y medir el nivel de madurez del programa de seguridad. Por ello, se suele seleccionar algún modelo estandarizado de la industria que pueda servir de referencia para hacer la evaluación. Por lo general, las organizaciones de Ciberseguridad suelen adoptar el modelo o marco de referencia proporcionado por el National Institute of Standards and Technology (NIST).

  La evaluación es un proceso anual. Requiere la colaboración de toda la organización y otras áreas de la empresa como TI.

  Una vez obtenidos los resultados de la evaluación, se deben entregar a cada pilar de Ciberseguridad y solicitar sus planes de mejora. Será importante dar seguimiento a dichos planes de manera constante, ya que esa información servirá de base para la siguiente evaluación, de igual manera, será relevante para la creación de métricas.

- **Programa de soporte a las certificaciones de seguridad del negocio:** Como revisamos en la sección de Auditoría, es posible que la empresa decida certificar las áreas del negocio dedicas a proveer servicios a los clientes. Considerando que estamos hablando de certificaciones y evaluaciones de seguridad, es lógico que la organización de Ciberseguridad decida proporcionar soporte al resto de la empresa. Este programa incluye proporcionar guía sobre cómo funcionan los procesos de certificación y evaluaciones; servir como punto de contacto para ayudar en la recopilación de información y evidencia que tiene que ver con la operación de la organización de Ciberseguridad; colaborar en la resolución de problemas cuando sea necesario.

Algunas certificaciones y evaluaciones comunes son: ISO 27001, SOC2 Type II, y CMMC.

Si tienes habilidades para administrar proyectos, este tipo de programas y procesos pueden ser tu oportunidad para comenzar tu carrera en Ciberseguridad.

Programa de Continuidad del Negocio

En inglés este programa es conocido como *Business Continuity Management (BCM)* o *Business Continuity Planning/Plan (BCP)*. El objetivo de este programa es asegurar la continuidad de la operación durante eventos no planeados como un desastre natural, una pandemia, un ciberataque, etc.

Dependiendo de cómo este conformada la empresa, este programa puede pertenecer en su totalidad a la organización de Ciberseguridad, a la organización de TI, o tener un área, departamento u organización especializada en esta actividad (ésta es una práctica común en empresas globales). En cualquier caso, la organización de Ciberseguridad deberá contar de igual forma con su plan de continuidad.

La creación de un plan de continuidad requiere de creatividad y conocimientos sobre la operación de la organización, ya que se deben identificar los procesos críticos, diseñar las estrategias de continuidad, implementarlas, validarlas, y asegurar el entrenamiento del personal clave en caso de que el plan se deba activar.

En cuestión de tecnología, puedes esperar que la empresa cuente con un software especializado en la gestión de este tipo de programas.

Si Ciberseguridad solo debe crear y mantener su plan de continuidad, las actividades pueden no requerir de mucho tiempo al menos de que se presente un evento que requiera la activación del plan, por eso, esta actividad suele combinarse con otros roles dentro del pilar de GRC.

Recuperación ante Desastres

Ya que hemos abordado el tema del Programa de Continuidad del Negocio, es importante hablar del área de Recuperación ante Desastres, conocida en inglés como *Disaster Recovery (DR)*.

Esta se refiere al plan que la empresa u organización en específico va a seguir para restaurar sistemas e información que han sido afectados por un desastre, ciberataque u otro evento catastrófico. En las grandes empresas donde la organización de TI se encarga del mantenimiento de la infraestructura digital de la misma, regularmente es la organización que desarrolla y pone en marcha el plan de recuperación ante desastres cuando es necesario.

Sin embargo, cuando una organización se encarga del mantenimiento de sus propias aplicaciones, sin involucrar a TI, de igual manera debe hacerse cargo de crear sus planes de continuidad y recuperación. Por ello, los profesionales de seguridad que mantienen aplicaciones para la organización de Ciberseguridad deben de conocer esta área y saber elaborar dichos planes.

Seguridad de Operaciones

El pilar de Seguridad de Operaciones, como su nombre lo indica, se centra en garantizar la segura operación de la empresa a través de la implementación de diversas tecnologías, prácticas, y procesos que aseguran el monitoreo constante de la infraestructura de la compañía con el objetivo de protegerla y defenderla de amenazas cibernéticas. También ayudan a la prevención de incidentes, y su efectiva resolución en caso de presentarse. Las principales actividades y operaciones que realiza este departamento son las siguientes:

- Programa de Gestión de Vulnerabilidades.
- Protección de Puntos Finales.
- Inteligencia de Amenazas.
- Cacería de Amenazas.
- Centro de Operaciones de Seguridad.
- Gestión de Incidentes de Seguridad.
- Análisis Forense Digital.
- Soporte y Enlace con TI.

En las próximas páginas abordaremos cada una de ellas.

Programa de Gestión de Vulnerabilidades

Conocido en inglés como *Vulnerability Management*. Este programa tiene como objetivo la gestión del ciclo de vida de las vulnerabilidades, considerando sus distintas fases: identificación, clasificación, priorización, monitoreo, y resolución. Regularmente, los periodos de tiempo aceptables para solucionar las vulnerabilidades y otros detalles importantes sobre el programa son definidos en las políticas de seguridad.

La existencia de este tipo de programa es fundamental para que la empresa pueda minimizar el impacto de las amenazas y priorizarlas. En vez de esperar a que un incidente de seguridad suceda para solucionar un problema, nos adelantamos a escanear nuestra red de manera constante para descubrir debilidades y arreglarlas de acuerdo con su posible impacto. Es decir, pasar de un enfoque reactivo a proactivo.

El programa de Gestión de Vulnerabilidades incluye actividades como:

- Definición de la estrategia para el programa.
- Selección del software para escaneo de los sistemas y su implementación.
- Evaluación de las vulnerabilidades.
- Creación, implementación y mantenimiento de métricas.
- Implementación de un canal de comunicación y colaboración con las organizaciones que se encargarán de la remediación de las vulnerabilidades. Por lo general, esta tarea está a cargo de la organización de TI.
- Monitorización continua de vulnerabilidades abiertas y seguimiento de su resolución.

Una vez que el programa está establecido, es importante buscar oportunidades de automatización para enfocar la energía en las actividades críticas. Por ejemplo, es común automatizar la generación de métricas y reportes para las distintas audiencias.

Puedes comenzar en esta área con una combinación básica de conocimientos técnicos de Ciberseguridad y TI. Será importante que te centres en entender las tecnologías que se utilizan para realizar las tareas, así como aprender a interpretar y evaluar los resultados de los escaneos.

Si actualmente tienes un empleo, buscas un cambio de carrera y crees que ésta es el área perfecta para ti, las políticas de seguridad deberían de ayudarte a entender los principales aspectos de este programa. Adicionalmente, puedes conectarte con alguien en la organización de Ciberseguridad que gestione este programa y alguien en la organización de TI que tenga a cargo la resolución de vulnerabilidades. Entender el programa desde ambos ángulos te ayudará a descubrir oportunidades de mejora y te dará una ventaja en una entrevista.

Protección de Puntos Finales

La protección de puntos finales, conocida en inglés como *Endpoint Protection* o *Security*, es un conjunto de medidas que buscan proteger los dispositivos de amenazas cibernéticas y garantizan que no ocurran filtraciones de información. Cuando hablamos de dispositivos nos referimos a computadoras de escritorio y portátiles, servidores, tabletas, teléfonos móviles y otros dispositivos de Internet de las Cosas (*Internet of Things (IoT)*) conectados a la red de la empresa.

Con la adopción del trabajo remoto e híbrido, se volvió imperativo reforzar la seguridad de los puntos finales considerando que estos pueden crear puntos de entrada a la red de la empresa que pueden ser explotados de forma maliciosa. Es decir, se debe ir más allá de implementar antivirus tradicionales, programas de cifrado de información, servicios de firewall, y sistemas de detección/prevención de intrusiones en la red.

Las soluciones de seguridad de puntos finales actuales te permiten hacer el monitoreo remoto de todos los dispositivos conectados a la red de la empresa, detectar algunos tipos de amenazas y programar acciones automáticas.

Por lo general, las empresas adoptan varias tecnologías que en su conjunto cubren todas sus necesidades proporcionando diferentes capas de seguridad con objetivos específicos.

La gestión de este tipo de tecnologías suele combinarse con otras actividades como la de Cacería de Amenazas e Inteligencia de Amenazas, por ende, el conocimiento técnico requerido para incursionar en esta área es más profundo. Por ejemplo, no solo basta con entender cada tipo de ataque cibernético, hay que saber reconocer los indicadores de compromiso (IoC), las tácticas y técnicas que se emplean para llevarlos a cabo, y cómo mitigarlos. Esto ayudará a que la configuración y monitoreo de las soluciones implementadas sea efectivo.

La base de conocimientos MITRE ATT&CK es un gran recurso para revisar si tu deseo es incursionar en esta área. Igualmente, deberás de aprender sobre las tecnologías disponibles para la protección de puntos finales.

Inteligencia de Amenazas

La Inteligencia de o sobre Amenazas, conocida en inglés como *Threat Intelligence*, consiste en recopilar, analizar y difundir información sobre amenazas cibernéticas. La información puede incluir vulnerabilidades, tácticas, técnicas y procedimientos (TTTP) de los actores maliciosos, indicadores de compromiso, firmas de ataque, etc. La información se utiliza para identificar y mitigar riesgos, reforzar los controles de seguridad de la empresa y reforzar la respuesta proactiva a los incidentes.

Existen diferentes tipos de Inteligencia de Amenazas. Cada uno se enfoca en proporcionar información para ayudar en la toma de decisiones estratégicas, tácticas, operativas y técnicas.

Por lo general, la Inteligencia de Amenazas utilizada por el pilar de Seguridad de Operaciones se centra en la inteligencia táctica contra amenazas y la inteligencia operativa sobre amenazas. La inteligencia estratégica sobre amenazas suele ser usada por el área de Gestión de Riesgos en el pilar de GRC.

Hay muchas soluciones disponibles en el mercado que fueron diseñadas para recopilar, correlacionar, analizar y ejecutar inteligencia sobre amenazas. La solución comúnmente utilizada es el Sistema de Gestión de Eventos e Información de Seguridad (SIEM), el cual generalmente se utiliza para correlacionar información de la red de la empresa en busca de amenazas. Actualmente, el SIEM se combina con plataformas de orquestación, automatización y respuesta de seguridad (SOAR). El SOAR permite automatizar acciones de respuesta basadas en la información correlacionada.

Como se mencionó en la sección de Protección de Puntos Finales, el área de Inteligencia de Amenazas requiere conocimiento técnico avanzado. La base de conocimientos MITRE ATT&CK es un gran recurso para revisar si tu deseo es incursionar en esta área. De igual forma, deberás aprender sobre la variedad de tecnologías existentes utilizadas en esta área.

Cacería de Amenazas

La Cacería de Amenazas, conocida en inglés como *Threat Hunting*, es una actividad proactiva que busca identificar, evaluar y neutralizar amenazas potenciales a la seguridad de la red de la empresa. Implica el uso de técnicas manuales y asistidas por software para hacer una revisión minuciosa de la actividad de la red.

Por ejemplo, el Sistema de Gestión de Eventos e Información de Seguridad (SIEM) suele ser el software predilecto para esta actividad debido a la gran cantidad de información de la red que concentra en un solo lugar.

Un Cazador de Amenazas (*Threat Hunter*) debe actuar como un detective. Debe hacer uso de su basto conocimiento técnico, al igual que su conocimiento de la red de la empresa, para detectar patrones anómalos y comportamientos sospechosos que podrían indicar la presencia de amenazas.

En ocasiones, en vez de amenazas, el Cazador descubre debilidades en la red que llevan a mejorar la postura de seguridad de la empresa.

Existen una variedad de herramientas que se pueden utilizar para la Cacería de Amenazas. De hecho, como se mencionó en las dos secciones anteriores, esta actividad suele estar íntimamente relacionada con la Inteligencia de Amenazas y el programa de Protección de Puntos Finales, debido a que comparte objetivos en común y que una actividad suele alimentar a la otra con información. De modo que las tecnologías utilizadas en estas áreas suelen tener funcionalidades que también pueden ayudar en la Cacería de Amenazas.

Un Cazador de Amenazas debe de combinar su amplio conocimiento técnico con habilidades blandas (*soft skills*) como la creatividad, comunicación, habilidades de redacción y colaboración. Deben de ser capaces de comunicar lo que han encontrado en términos sencillos para ayudar a la toma de decisiones y estar abiertos a educar a otros.

La base de conocimientos MITRE ATT&CK es un gran recurso para revisar si tu deseo es incursionar en esta área. De igual manera, deberás aprender sobre la variedad de tecnologías existentes utilizadas en esta área.

Centro de Operaciones de Seguridad

El Centro de Operaciones de Seguridad, conocido en inglés como *Security Operation Center (SOC)*, está dedicado a monitorizar 24x7 toda la infraestructura informática de la empresa. Su objetivo es mejorar la capacidad de detección, respuesta y prevención de amenazas de seguridad de forma proactiva y reactiva.

El Sistema de Gestión de Eventos e Información de Seguridad (SIEM) suele ser el sistema central que utiliza el SOC.

Los analistas que trabajan en el SOC son separados por niveles. El nivel indica que tan avanzadas son el tipo de tareas que el analista tiene a su cargo, y, por lo tanto, el conocimiento y experiencia requeridos para realizarlos:

- Un analista de Nivel 1 debe tener conocimiento fundamental de redes, captura de tráfico, monitoreo y configuración de dispositivos. Sus actividades incluyen el continuo monitoreo y evaluación de alertas de seguridad, monitorear el estado de seguridad de los dispositivos conectados a la red, y colectar información necesaria para inicializar el trabajo a cargo de los analistas de Nivel 2.

- Los analistas de Nivel 2 se dedican a realizar análisis profundo de incidentes mediante la correlación de información de múltiples fuentes, determinan si un sistema o información críticos ha sido impactado, provee recomendaciones para solucionar incidentes, y realiza actividades de detección de amenazas.

- Los analistas de Nivel 3 poseen conocimientos técnicos avanzados de redes, seguridad, dispositivos y su funcionamiento, inteligencia de amenazas, análisis forense, e ingeniería inversa de malware. Actúan como cazadores de incidentes, en lugar de esperar a que estos sean escalados por los analistas de Nivel 2.

Si tu deseo es incursionar en esta área, deberás comenzar por adquirir conocimientos básicos de TI, seguridad y redes. Por otra parte, es importante que consideres que los analistas deben cubrir el monitoreo 24x7, por esta razón es posible que debas cubrir turnos nocturnos y fines de semana.

Gestión de Incidentes de Seguridad

La gestión de incidentes de seguridad, conocida en inglés como *Incident Management* o *Response (IM o IR)*, es un proceso que consiste en detectar, responder y recuperarse de incidentes de seguridad. Es un proceso crítico para poder minimizar el impacto de forma rápida ante cualquier amenaza que vulnere la seguridad de la empresa. Usualmente, las políticas de seguridad tienen una sección dedicada a él.

La gestión de incidentes de seguridad requiere un líder proactivo con excelentes habilidades de comunicación, coordinación y colaboración, dado que estará a cargo de proveer información clave tanto a nivel ejecutivo como a nivel técnico para la efectiva y rápida resolución del incidente y la toma de decisiones. Deberá coordinar las actividades técnicas, que incluyen reunir a los expertos técnicos para investigar y resolver el incidente, al igual que las reuniones para informar a todas las partes interesadas.

Por lo tanto, un líder de esta área requiere amplio conocimiento técnico para poder entender lo que sucede, conocimiento de la organización de Ciberseguridad y la empresa para poder reunir a los expertos que colaborarán en la resolución del incidente, conocer el proceso documentado de resolución de incidentes, procedimientos de rutina (*runbooks*) y procedimientos estratégicos para incidentes específicos (*playbooks*).

Si esta área es de tu interés, además de conocimientos básicos de TI, seguridad, y redes, será importante que entiendas los principales tipos de ataques de ciberseguridad. La base de conocimientos MITRE ATT&CK te puede proporcionar valiosa información para complementar tu preparación.

Análisis Forense Digital

El análisis forense digital es el proceso de recolección y análisis de información digital en una forma auténtica, precisa, y completa de manera que se pueda usar como pruebas o evidencia. El objetivo de este proceso es reconstruir el incidente de seguridad mediante los rastros de información dejados por los actores maliciosos, lo que permite identificar las causas del ataque y los culpables de este.

Los investigadores o analistas que trabajan en esta área deben ser meticulosos y orientados a los detalles, dado que las pruebas que colectan deben seguir una estricta cadena de custodia de modo que se pueda demostrar que no fueron manipuladas, y, por tanto, pueden en un determinado momento ser empleadas en un caso oficial ante las autoridades correspondientes, o bien, en un proceso de auditoría.

Existe una gran variedad de software especializado que se puede utilizar para recopilar la información e incluso apoyar en el análisis de esta. Aun así, hay algunos investigadores que optan por crear sus propias herramientas.

Del mismo modo que la mayoría de los roles que hemos revisado en el pilar de Seguridad de Operaciones, los investigadores forenses requieren conocimientos técnicos avanzados de IT, seguridad, redes, aplicaciones, y hardware.

Agregado a las habilidades blandas que ya se mencionaron, la comunicación y redacción son críticas, ya que el investigador debe de generar un reporte completo con las conclusiones de su investigación y comunicar la información pertinente para la toma de decisiones.

Algunas empresas combinan el análisis forense con otras actividades como la Inteligencia sobre Amenazas y la Cacería de Amenazas, por lo que puedes esperar encontrar roles que combinan más de una de estas actividades. Por consiguiente, la base de conocimientos MITRE ATT&CK será un valioso recurso en este caso también.

Soporte y enlace con TI

Como revisamos al inicio de esta sección, el pilar de Seguridad de Operaciones debe garantizar la segura operación de la empresa, y considerando que la organización de TI está encargada de implementar y mantener toda la infraestructura digital de la misma, es esperado que ambas áreas tengan estrecha colaboración y constante comunicación. Revisemos dos ejemplos para entenderlo mejor:

- Si el departamento de Seguridad de Operaciones decide cambiar el software antivirus que se utiliza en la empresa, deberá coordinar su implementación con el área de TI para asegurar que se realiza de forma efectiva y completa. Ya que la organización de TI es la que tiene el conocimiento de todos los dispositivos que conforman la red de la empresa y controla su eficaz operación.
- En ocasiones, cuando Ciberseguridad investiga un posible incidente, se descubre que éste realmente no tiene que ver con la seguridad de la empresa, sino con su operación, por

lo cual TI debe hacerse cargo de la resolución de este. Ciberseguridad deberá entregar la información recolectada a TI para que el trabajo continue.

Por lo general, el pilar de Seguridad de Operaciones designa a una persona que sirva de enlace entre ambas áreas. Si eres un buen comunicador y tienes habilidades para administrar proyectos, este tipo de rol puede ser tu oportunidad para comenzar tu carrera en Ciberseguridad. Solo será necesario que trabajes en tus conocimientos básicos de TI y seguridad.

Seguridad de Ingeniería

Desde hace unos años, la industria ha estado empujando la adopción de los conceptos de *"Desplazar la seguridad hacia la izquierda"* (*Shifting Secuirty Left*) y *"Seguridad desde el diseño"* (*Secure by Design*), los cuales tienen como objetivo garantizar que el software es fundamentalmente seguro desde su concepción. Esto significa que el proceso de desarrollo de software debe integrar las prácticas de Ciberseguridad en cada una de sus fases para evitar que la seguridad sea algo de último minuto y, por tanto, se vea solo como un retraso de tiempo en lugar de una cualidad fundamental del producto final.

El pilar de Seguridad de Ingeniería se dedica a asegurar que la construcción de sistemas y soluciones se hace de forma segura. Esto se logra a través de la implementación de procesos y prácticas como:

- Revisión de Seguridad sobre Arquitectura.
- Pruebas de Seguridad.
- Pruebas de Penetración.
- Equipo Rojo.

En las siguientes páginas hablaremos de cada uno.

Revisión de Seguridad sobre Arquitectura

La revisión de seguridad sobre arquitectura es el proceso que se encarga de asegurar que la arquitectura de una aplicación o sistema sea implementada considerando los adecuados controles de seguridad. Este proceso parte de analizar el diagrama de arquitectura creado por el equipo de desarrollo de software.

El arquitecto de seguridad (*Cybersecurity* o *Security Architect*) debe realizar un análisis de la arquitectura en cuestión para identificar las posibles amenazas y recomendaciones de posibles soluciones a las mismas, considerando los controles de seguridad que deben existir en la arquitectura de acuerdo con las políticas de seguridad de la empresa, así como los controles de seguridad indicados como existentes por el equipo de desarrollo. El análisis es tan detallado y minucioso como sea posible. El arquitecto recaba la información a través de cuestionarios, entrevistas al equipo de desarrollo, investigación por su cuenta, etc.

Una vez terminado el análisis, el arquitecto debe crear un reporte que liste las amenazas identificadas, al igual que lo que se analizó, y debe presentárselo al equipo de desarrollo para su resolución.

Por tanto, un arquitecto de seguridad requiere amplio y avanzado conocimiento técnico sobre seguridad y TI. Asimismo, es importante que sea un buen comunicador y que tenga habilidades de redacción.

Si esta área es de tu interés, será importante que inicies por ampliar tu base de conocimientos de TI y seguridad. Deberás entender lo que es una arquitectura segura de una aplicación o sistema tanto en la nube como en un centro de datos y en ambientes híbridos. Por otra parte, deberás aprender lo que es una configuración segura para los principales servicios de TI.

Pruebas de Seguridad

Las pruebas de seguridad tienen como objetivo la identificación y análisis de vulnerabilidades o amenazas potenciales en una aplicación, específicamente, el código de esta y su entorno.

Una vez identificados los problemas, el equipo a cargo del desarrollo de software deberá solucionarlos de acuerdo con los tiempos establecidos en las políticas de seguridad y tomando en cuenta las recomendaciones de Ciberseguridad.

Las pruebas pueden realizarse manualmente, con software especializado de escaneo automático o ambas. Todo depende de la estrategia definida por el pilar de Seguridad de Ingeniería.

Generalmente, el proceso inicia por conocer a fondo la aplicación, su objetivo y el tipo de información que procesa la misma. Después se ejecutan las pruebas. Al final, se genera un reporte detallado y se entrega al equipo de desarrollo durante una sesión informativa.

Si esta área es de tu interés, será importante que tengas conocimientos sobre las metodologías de desarrollo de software, los lenguajes de programación y sus marcos de referencia (*frameworks*). Al igual que, conocer las vulnerabilidades críticas de software y las recomendaciones de seguridad para solucionarlas. Asimismo, deberás aprender sobre los distintos tipos de pruebas y las herramientas que se pueden utilizar para realizarlos.

OWASP (*Open Web Application Security Project*) es un recurso que puede proporcionarte valiosa información. Su Top 10 es ampliamente utilizado en el área de Ciberseguridad, y un recurso fundamental para el desarrollo seguro de software.

Pruebas de Penetración

También conocidas en inglés como *Penetration Testing*. Una prueba de penetración es un ataque simulado a un objetivo específico previamente definido y ejecutado por un hacker ético que es parte de la organización de Ciberseguridad.

La finalidad de la prueba es evaluar la seguridad de la aplicación o sistema definido como el objetivo, e identificar vulnerabilidades en el mismo. Por lo general, la prueba dura un corto periodo de tiempo y el equipo de desarrollo tiene pleno conocimiento de que está ocurriendo.

El proceso incluye actividades como la definición de los objetivos, reglas y alcance; la recopilación de información sobre el objetivo; identificación de vulnerabilidades seguido de la explotación de estas; documentación detallada de la evaluación, y mitigación de los problemas identificados por parte del equipo de desarrollo de software.

El hacker ético es una persona que dispone de conocimientos, habilidades, y destrezas excepcionales, y los usa para fines bienintencionados. Combina amplios conocimientos de sistemas operativos, bases de datos, redes, seguridad, y programación, con un comportamiento ético. En otras palabras, su objetivo nunca será el causar daño.

Por lo general, sus tareas diarias combinan pruebas de penetración, pruebas de seguridad y ejercicios de equipo rojo.

Si tu deseo es convertirte en un hacker ético, la base de conocimientos MITRE ATT&CK te puede proporcionar valiosa información sobre las tácticas y técnicas más utilizadas por actores maliciosos. Siempre recuera usar el conocimiento que adquieras para fines éticos.

Equipo Rojo

El equipo rojo (*Red Team*) está conformado por hackers éticos. Tiene como objetivo realizar ejercicios que emulan un ataque a los sistemas de la empresa para determinar si las personas, los procesos y la tecnología están preparados para resistir.

El equipo sigue las tácticas, técnicas y procedimientos (TTP) que un atacante real utilizaría para lograr un objetivo específico, por lo tanto, son ejercicios de larga duración.

Cuando un ejercicio se está llevando a cabo, solo personal selecto tiene conocimiento de este. Esto permite que el equipo evalúe la postura de Ciberseguridad y pueda brindar recomendaciones de mejora.

Recuerda, a diferencia de un atacante real, el equipo rojo no busca hacer un daño real a los sistemas de la empresa.

Como se mencionó en la sección de Pruebas de Penetración, la base de conocimientos MITRE ATT&CK es un excelente recurso que puede ayudarte en tu preparación como hacker ético.

Gestión de Identidad y Acceso

El pilar de Gestión de Identidad y Acceso, conocido en inglés como *Identity & Access Management (IAM),* hace posible que las personas, sistemas, y servicios usen los recursos correctos cuando los necesiten. Esto se logra a través de la implementación de una combinación de procesos, hardware, servicios en la nube, y aplicaciones.

Considerando que las personas requieren acceso a los sistemas para realizar su trabajo, las actividades realizadas por este departamento son críticas para el funcionamiento de la empresa. Los principales procesos y tecnologías que gestiona este departamento son:

- **Inicio de Sesión Único:** Conocido en inglés como *Single Sign-On (SSO).* Su propósito es proporcionar a un usuario un único inicio de sesión para acceder a varios sistemas. De esta forma se evita que el usuario tenga que volver a autenticarse cada vez que quiere acceder a un sistema y que tenga que recordar múltiples nombres de usuario y contraseñas.

  Existen una variedad de tecnologías en el mercado que pueden ser implementadas para lograr el inicio de sesión único que se ajuste a la estrategia de seguridad de la empresa.

- **Autenticación Multifactor:** Conocida en inglés como *Multifactor Authentication (MFA).* Es una medida de seguridad que requiere que un usuario proporcione dos o más pruebas de su identidad antes de concederle acceso a su cuenta.

  Por lo general, las empresas adoptan el inicio de sesión único y lo combinan con una autenticación multifactor, agregando así una capa de seguridad a la cuenta del usuario. Por lo tanto, algunas tecnologías en el mercado proporcionan ambos servicios en un solo producto o productos individuales de fácil integración.

- **Gobernanza y Administración de Identidades:** Conocida en inglés como *Identity Governance and Administration (IGA)*. Su objetivo es garantizar que los usuarios solo accedan a los sistemas e información a los cuales deberían de acceder de acuerdo con su rol o funciones en la empresa.

  IGA es por tanto una actividad crítica para cumplir con dos de los principios de Ciberseguridad, privilegio mínimo y necesidad de saber.

- **Gestión del Acceso con Privilegios:** Conocida en inglés como *Privileged Access Management (PAM)*. Tiene como objetivo salvaguardar las cuentas que tienen acceso especial o proporcionan habilidades mayores a un usuario regular. Ejemplos de cuentas privilegiadas son las de administrador de aplicaciones, bases de datos, redes, sistemas operativos, etc. Si una cuenta privilegiada es mal usada puede tener un efecto negativo significativo para la operación de una empresa, por ello, la gestión de cuentas privilegiadas es de vital importancia.

- **Gestión de Acceso a Proveedores:** Las grandes empresas gestionan una gran cantidad de proveedores en su día a día. Hay proveedores que debido a la naturaleza de los servicios que le proporcionan a una empresa, requieren tener acceso a uno o más de sus sistemas, por ello, es necesario implementar mecanismos que ayuden a gestionar este tipo de acceso.

- **Infraestructura de Clave Pública:** Conocida en inglés como *Public Key Infrastructure (PKI)*. Es una tecnología que facilita la creación, gestión y revocación de certificados digitales que se utilizan para autenticar usuarios y dispositivos en el mundo digital y llaves publicas utilizadas para encriptar información.

Cada una de las tecnologías y procesos mencionados requieren tanto de conocimientos de TI como de seguridad para su implementación, mantenimiento y mejora continua. Por otra parte, cuando la empresa cuenta con sistemas personalizados es posible que se requiera la codificación de componentes que ayuden a integrar las tecnologías descritas con los sistemas de la empresa, por lo que las habilidades de programación en diversos lenguajes también jugarán un papel clave.

El departamento de Gestión de Identidad y Acceso está en constante comunicación y colaboración con la organización de TI debido a la naturaleza de su operación. Asimismo, es común que Auditoría Interna y otras áreas dedicadas a garantizar el cumplimiento de estándares, marcos de referencia, leyes y regulaciones establezcan una estrecha relación con este pilar.

Si esta área es de tu interés, además de conocimientos fundamentales de TI y seguridad, será importante que te centres en entender los principios fundamentales del área, así como la variedad de tecnologías existentes. Igualmente, te puede resultar útil entender las amenazas que enfrenta cada mecanismo y los controles adicionales de seguridad que pueden ayudar a contrarrestarlas.

Otros departamentos

Como revisamos al inicio, cada empresa decide la estructura de su organización de Ciberseguridad, por lo que además de los principales departamentos que ya revisamos pueden o no existir otros con una función específica los cuales revisaremos en esta sección:

- Seguridad de Redes
- Seguridad del Negocio
- Análisis de Datos
- Estrategia

Seguridad de Redes

En las grandes empresas donde existe una organización de TI y una organización de Ciberseguridad, la seguridad de la infraestructura de red suele ser una tarea compartida. Ya que, al ser TI la encargada de implementar y mantener la infraestructura digital de la empresa, Ciberseguridad pasa a tener un rol de consultor experto. Por ejemplo, TI se encarga de hacer posible la instalación física de un cortafuegos (*firewall*), y Ciberseguridad se enfoca en revisar o colaborar en la configuración segura del mismo.

Por tanto, un consultor experto de seguridad de redes requiere una combinación de conocimiento de redes, seguridad y TI.

Si esta área es de tu interés, además de adquirir el conocimiento técnico en las diferentes áreas mencionadas, te recomiendo utilizar los simuladores de redes disponibles en internet para practicar tus habilidades.

Cisco Packet Tracer es un gran recurso gratuito que te ayudará a construir laboratorios virtuales sin necesidad de hacer una gran inversión para adquirir el hardware.

Seguridad del Negocio

En algunas organizaciones de Ciberseguridad se ha descubierto la necesidad de tener un departamento especializado en ayudar a las diferentes áreas del negocio a interactuar con los pilares de seguridad o simplemente ofrecer una mano amiga a lo que pudiera parecer un muy complicado mundo.

Hay que reconocer que en una empresa grande existen todo tipo de puestos y, por tanto, diversidad de conocimientos y experiencias. A pesar de que Ciberseguridad ha sido un concepto llamativo y una prioridad para algunas empresas en los últimos años, no se puede asumir que todas las personas en el mundo laboral sabrán de qué trata el área, sus alcances, tecnologías y procesos. Esto es incluso cierto para personas que trabajan en la organización de TI. Por ello, el departamento de Seguridad del Negocio requiere de profesionales con actitud de servicio, abiertos a ayudar y resolver las inquietudes del personal en general.

Agregado a las habilidades blandas ya mencionadas, este pilar requiere de profesionales que combinen conocimiento de TI, Ciberseguridad y la organización como tal, y administración de proyectos. Ya que los conocimientos técnicos te ayudarán a entender los cuestionamientos del personal y el conocimiento de la organización de Ciberseguridad te ayudará a identificar que pilar es el indicado para proporcionarle ayuda.

Análisis de Datos

Como toda organización, Ciberseguridad también debe demostrar con evidencia lo valiosa que es para la empresa, así como la madurez del programa, esto se logra a través de las métricas.

El diseño de métricas, mantenimiento y visualización puede ocurrir en cada departamento o puede ser una tarea centralizada pero colaborativa.

Los analistas de datos en Ciberseguridad requieren conocimientos de la organización, al igual que de seguridad para poder lograr un análisis efectivo de la información, además de poder entender lo que el departamento u organización quiere comunicar. El pensamiento crítico, la atención a los detalles y la comunicación son las habilidades blandas (*soft skills*) clave para un buen analista.

En cuestiones de tecnología, la herramienta utilizada para hacer o iniciar el análisis de datos es Microsoft Excel.

Si esta área es de tu interés o simplemente te interesa prepárate mejor para una posición que incluya este tipo de actividades, será importante que aprendas sobre los principales indicadores clave de rendimiento (*KPI*) e indicadores clave de riesgo (*KRI*) para el área de Ciberseguridad y sus respectivos departamentos, y por añadidura, de las tácticas y sugerencias para desarrollarlos. Por otra parte, deberás aprender sobre visualización. Una herramienta que puede ayudarte a comenzar en esta área, más allá de lo que puedes lograr dentro de Excel, es Microsoft Power BI.

Estrategia

Con el resto de la organización de Ciberseguridad enfocada en proteger y defender a la empresa, dejando mínimo tiempo para la mejora de procesos, surge la necesidad de tener un departamento cuyo objetivo sea trabajar en el futuro de la organización y lo que eso signifique en cuestión de tecnología, procesos y personal.

El departamento de Estrategia requiere de personal dedicado a la investigación y colaboración con los distintos pilares de la organización de Ciberseguridad para identificar las necesidades y oportunidades de mejora continua, para después pasar a la generación de ideas y puesta en marcha de los proyectos de mejora. Por ello, el personal de esta área debe tener conocimientos de seguridad en general y de TI.

Las habilidades blandas (*soft skills*) como la administración de proyectos, gestión de prioridades y comunicación son de suma importancia para poder lograr los objetivos establecidos por el equipo de liderazgo en tiempo y forma.

Si te gusta proponer ideas para la resolución de problemas e implementar nuevas tecnologías, esta puede ser el área para ti.

Otros roles

Existen otros roles que también es común encontrar en la organización de Ciberseguridad los cuales revisaremos a continuación:

- **Desarrolladores de Software:** Los diferentes departamentos de Ciberseguridad requieren de desarrolladores de software que puedan ayudar en la personalización e integración de las herramientas que utiliza el área. Es esperado que los desarrolladores tengan conocimientos de seguridad para que puedan entender el objetivo de las actividades, así como lograr una buena colaboración con el resto del equipo de trabajo.

- **Administradores de Proyectos:** También conocidos en inglés como *Project Managers* o *Program Managers* (PMs). Además de los casos que ya revisamos en secciones anteriores, algunos departamentos deciden integrar un administrador de proyectos que les ayude a manejar las prioridades de las actividades, sobre todo cuando la carga de trabajo es muy alta. Como podrás concluir, para poder analizar las prioridades del trabajo es necesario entender lo que hay que hacer, al igual que los objetivos del equipo, por esta razón los conocimientos de seguridad son esenciales.

CISO y su equipo de liderazgo

Toda organización requiere de un fuerte equipo de liderazgo, y desde luego, Ciberseguridad no es la excepción. Aquí podrás encontrar roles de líder de área, gerencias, dirección, y por supuesto, el rol de CISO.

Todos los roles de liderazgo en Ciberseguridad tratan con decisiones de riesgo en sus actividades diarias, en consecuencia, el continuo desarrollo de los conocimientos técnicos, las habilidades blandas (*soft skills*) y el conocimiento sobre la empresa se vuelve fundamental.

El rol de líder de área puede o no tener un equipo a su cargo. Se caracteriza por ser responsable de entregar los resultados esperados del programa que tenga asignado. Por ejemplo, es posible que encuentres el rol de líder del Programa de Concientización y Entrenamiento de Seguridad, y que se espere que la persona que sea seleccionada para el rol pueda realizar todas las actividades que lo componen satisfactoriamente.

El rol de gerente de área tiene varias personas a su cargo y es responsable de uno o más programas. Por lo que, al mismo tiempo que colabora con su personal para lograr los resultados esperados, debe de gestionar su personal. Un gerente de área debe lograr un balance entre desarrollar su conocimiento técnico y sus habilidades blandas (*soft skills*) para poder proporcionar ayuda a su equipo de trabajo e igualmente realizar sus actividades.

El rol de director de departamento implica tener a su cargo uno o más gerentes y líderes de área y, por consiguiente, ser responsable de que su división logre los objetivos esperados. Los directores de departamento por lo general le reportan al *Chief Information Security Officer (CISO)* y sus tareas incluyen la planeación estratégica de su departamento, es decir, deben proporcionar la misión y visión para el mismo.

El rol de CISO es un rol ejecutivo conocido por ser la cara de la organización de Ciberseguridad en la empresa y, en consecuencia, ser responsable de velar por la seguridad de esta. Se encarga de conectar los objetivos de la empresa con Ciberseguridad para dar dirección estratégica a la organización, se comunica efectivamente con lenguaje técnico y no técnico y, por tanto, puede comunicar claramente la postura de seguridad de la organización a cualquier nivel. Debe ser un líder con gran capacidad analítica.

Algunas organizaciones de Ciberseguridad también cuentan con el rol de jefe de personal *(Chief of Staff (CoS))*. Este rol le reporta al CISO. Se encarga de colaborar con el equipo de liderazgo de la organización de Ciberseguridad para llevar a cabo la planeación financiera a corto y largo plazo, esto incluye la planeación de personal, así como sus planes de entrenamiento, y la inversión en tecnología.

Ciberseguridad en otras organizaciones

Para impulsar la adopción de prácticas seguras y crear una cultura de Ciberseguridad, hay empresas que implementan los roles de *Security Champion* y *Business Information Security Officer (BISO)* en sus diferentes áreas de negocios.

El rol de *Security Champion* tiene como objetivo actuar como enlace entre la organización de Ciberseguridad y un equipo o área del negocio en específico de la cual el rol forma parte activa. Una de sus funciones es mejorar la comunicación, así como lograr la resolución de riesgos de seguridad en tiempo y forma. Generalmente, el personal que es seleccionado para este tipo de roles posee tanto conocimiento operacional del área de negocio y sus prioridades estratégicas, como de seguridad, de forma que puede actuar como mediador, conciliador o negociador ya que entiende ambas partes.

Por su parte, el rol de *BISO* actúa como un puente a nivel ejecutivo y estratégico entre la organización de Ciberseguridad y la división de negocios de la cual es parte. Este rol tiene una estrecha relación con el CISO, ya que debe entregarle resultados respecto a la adopción de prácticas seguras por parte de la unidad de negocios a la que pertenece, y por supuesto, la reducción de riesgos de seguridad.

Departamentos especializados e independientes

Las grandes empresas suelen contar con departamentos y divisiones especializadas donde igualmente se practica uno o más dominios de Ciberseguridad, pero con un enfoque específico.

Esta división se lleva a cabo con el objetivo de alcanzar la misión y visión de la empresa.

En esta sección revisaremos algunas de estas áreas y su relación con Ciberseguridad.

Seguridad Física

La seguridad física de una empresa grande suele requerir una estrategia robusta y compleja, por ende, es común que esta área no exista como departamento dentro de la organización de Ciberseguridad, sino como una organización separada. A pesar de eso, un programa de Ciberseguridad no se considera completo si no se considera esta área, de modo que, idealmente, debe existir una colaboración constante entre ambas empezando por la definición y conexión entre sus políticas.

El personal requerido en esta organización va desde los guardias hasta los ejecutivos del área encargados de la planeación estratégica.

Seguridad de la Cadena de Suministros

También conocida en inglés como *Supply Chain Security*. Esta división se encarga de gestionar los riesgos de seguridad relacionados a la cadena de suministros para la empresa. En otras palabras, identificar, analizar y mitigar los riesgos de seguridad relacionados a los proveedores, logística y trasporte.

Considerando que la producción y distribución de productos puede representar el principal giro de negocios para una empresa, encargarse de asegurar la cadena de suministros cobra una importancia significativa en la era digital.

El personal de esta área se caracteriza por combinar conocimientos sobre la gestión de la cadena de suministros con Ciberseguridad.

Divisiones de seguridad especializados en productos o servicios

Con la continua implementación de nuevas regulaciones de seguridad aplicables a productos y servicios, nace la necesidad de tener departamentos dedicados a asegurar los mismos. Debemos recordar que la organización de Ciberseguridad está enfocada en proteger y defender a la empresa, por lo que es necesario crear otros grupos dedicados a esta tarea.

Si bien es cierto que estos grupos se encargan de tareas de seguridad especificas a los productos y servicios que la empresa desarrolla para el público, considerando que estos se desarrollan en los espacios que la organización de Ciberseguridad debe proteger y defender, es esperado que ambos grupos tengan constante colaboración.

Generalmente, el personal que labora en estas divisiones son especialistas que combinan conocimientos técnicos sobre la fabricación de productos o desarrollo de servicios con seguridad.

Conocimientos técnicos

Ahora que ya hemos revisado la variedad de roles que puedes encontrar en la organización de Ciberseguridad, es momento de hacer la lista de conocimientos técnicos básicos que deberás adquirir, al igual que las formas de hacerlo.

Antes de comenzar la lista, resolvamos la pregunta que seguramente ha estado dando vueltas en tu mente... ¿Necesito un título universitario de una carrera en TI o Ciberseguridad? La respuesta corta es no. Si bien es cierto que estar estudiando o haber estudiado una carrera relacionada a TI o Ciberseguridad te dará ventajas en cuanto a los conocimientos que necesitas adquirir para prepararte para iniciar en este campo, no es un requisito fundamental. Puedes demostrar que tienes los conocimientos de otras formas, como a través de certificaciones, y por supuesto, durante el proceso de entrevistas.

¡Muy bien! Comencemos con la lista...

⚙️ #1 Fundamentos de Tecnologías de la Información (TI)
Los conocimientos de TI que te ayudarán incluyen:
- Entender los componentes de hardware de una computadora y su funcionamiento.
- Entender sobre Sistemas Operativos. Su instalación; configuración segura; diferentes versiones y sus diferencias; ciclo de vida y su importancia (actualizaciones); navegación utilizando la interfaz gráfica y la línea de comandos; entender de permisos y roles de usuarios; instalación y desinstalación de aplicaciones; gestión de archivos; resolución de problemas; y los comandos básicos.
- Entender los tipos de conexiones entre dispositivos y su función.

- Aprender a solucionar problemas en un dispositivo siguiendo un proceso, independientemente de su sistema operativo.
- Entender el funcionamiento básico de las herramientas de software populares, como Microsoft Office, Google Workspace y iCloud.

✂ #2 Conocimiento de Redes

Los conocimientos de redes que debes aprender incluyen:
- Entender la terminología básica de redes, los dispositivos y su función.
- Entender el modelo OSI y TCP/IP.
- Entender de topologías de red.
- Arquitectura y diseño de redes.
- Aprender lo básico de subredes, IP públicas y privadas.
- Protocolos comunes y su uso.
- Puertos comunes y su uso.
- Aprender lo básico de virtualización y las tecnologías comúnmente usadas.
- Aprender sobre VPNs y VLANs.
- Conocer las herramientas básicas para resolución de problemas.
- Conocer las metodologías de autenticación (Kerberos, LDAP, SSO, Radius, certificados y autenticación local).
- Conocimientos básicos de *Transport Layer Security (TLS)*.

✂ #3 Conocimiento de Bases de Datos

Proteger la información es un propósito fundamental de Ciberseguridad, por eso hay que saber manejarla de forma segura. Para ello deberás aprender de:

- Conceptos básicos de bases de datos.
- Gestión de base de datos.
- Los Sistemas de Gestión de Bases de Datos (SGBD) comunes.
- SQL (*Structured Query Language*).

🧩 #4 Conocimientos de Programación

Aún si tu objetivo no es dedicarte a un rol altamente técnico, adquirir conocimientos básicos de programación en uno o más lenguajes te ayudará a desarrollar tu lógica y entender mejor los desafíos que enfrentan los equipos de desarrollo.

Asimismo, asegúrate de aprender sobre las metodologías, modelos, marcos o prácticas de desarrollo de software (cascada, ágiles, híbridas, DevOps, DevSecOps, etc.).

🧩 #5 Conocimientos de Ciberseguridad

El conocimiento fundamental de seguridad que deberás tener incluye:

- CIA triada y conceptos básicos de seguridad (IDS, IPS, antivirus, antimalware, etc.).
- Ataques comunes, los tipos y sus diferencias.
- Clasificación de amenazas (zero day, conocidas, desconocidas, etc.).
- Gestión de riesgos.
- Políticas básicas de seguridad, mejores prácticas y configuraciones seguras.
- Estándares comunes (ISO, NIST, CIS, CSF, etc.).
- Marcos de referencia (ATT&CK).
- Autenticación, autorización y control de accesos.
- Conocimientos básicos de criptografía.

Otros conocimientos que podrían ayudarte son:

- Aprender como encontrar y usar los logs.
- Conocer las herramientas comunes y los sistemas operativos enfocados a seguridad.
- Conocimientos básicos de seguridad web. Incluyendo las vulnerabilidades comunes en aplicaciones web y los protocolos seguros.
- Conocimientos básicos de pruebas de seguridad y gestión de incidentes.

⚙ #6 Conocimiento de la nube

En la actualidad, los conocimientos de la nube son esenciales, por ello es de suma importancia que agreguemos los siguientes puntos a la lista:

- Entender la arquitectura de los servicios en la nube (pública, privada, híbrida y comunidad), sus modelos (IaaS, PaaS y SaaS) y plataformas comunes (AWS, Microsoft Azure y Google Cloud). Así como la diferencia con operar la infraestructura en un centro de datos.
- Saber manejar las máquinas virtuales, los servicios de almacenamiento, redes y bases de datos.
- Conocer sobre seguridad en la nube. Riesgos de seguridad y vulnerabilidades comunes; implementar un control de accesos apropiado; el cumplimiento de políticas y normativas de seguridad.
- Entender el flujo básico de configuración de un ambiente en la nube. Empezando por la selección del proveedor de servicios hasta la puesta en marcha de una aplicación.

🧩 #7 Conocimiento de Inteligencia Artificial (IA)

Con la rápida adopción de la Inteligencia Artificial, surge la necesidad de empezar a agregar conocimientos básicos del área a nuestras competencias. Así mismo, es importante aprender sobre la aplicación de la IA en seguridad, y por añadidura, de la amenaza que representa cuando se le da un uso malintencionado.

> ⚠️ *Recuerda no introducir información confidencial o sensible en ninguna herramienta de IA generativa de uso público, aunque tengas una licencia de paga.*

La lista parece abrumadora, pero es posible que ya estes familiarizado con algunos de los términos sin saberlo, por eso no deberías de desanimarte antes de intentarlo.

Hay una variedad de formas de adquirir conocimientos técnicos, lo ideal es que selecciones la que mejor funcione para ti y tus posibilidades económicas. A continuación, te presento una lista de opciones:

- Páginas oficiales de compañías de seguridad, compañías que venden productos y servicios de seguridad, y asociaciones sin fines de lucro.
- Libros.
- Cursos en línea.
- Cursos presenciales.
- Clases y diplomados.
- Conferencias.
- Título Universitario o Maestría.
- Certificaciones, sus respectivos materiales de entrenamiento y sitios oficiales de las instituciones certificadoras.

Certificaciones

Hoy en día, la mayoría de los empleadores esperan que el personal que van a contratar cuente con al menos alguna certificación reconocida de Ciberseguridad o que estén dispuestos a adquirir una certificación durante su primer año de trabajo.

Las certificaciones tienen varios propósitos. Algunos de ellos son:

- Demostrar que cuentas con el conocimiento y habilidades alineados a la certificación en cuestión.
- Destacarte en el mercado laboral.
- Avanzar tu carrera profesional.
- Incrementar tu salario.
- Aplicar a otros roles.

Existe una gran variedad de certificaciones de seguridad que van desde un nivel básico hasta un nivel experto, y orientadas de forma general a muy específicas. Por el momento nos enfocaremos en revisar un par de certificaciones básicas y generales que pueden ayudarte al inicio de tu carrera profesional en Ciberseguridad:

- **CompTIA Security+:** Es una certificación que valida que cuentes con el conocimiento y las habilidades necesarias para evaluar la postura de seguridad de un entorno empresarial y recomendar e implementar soluciones de seguridad adecuadas; monitorear y asegurar entornos híbridos, incluidos la nube, dispositivos móviles e IoT; operar con conocimiento de las leyes y políticas aplicables, incluidos los principios de gobernanza, riesgo y cumplimiento; identificar, analizar y responder a eventos e incidentes de seguridad. El examen cuenta con un máximo de 90 preguntas de opción múltiple y tiene una duración de 90 minutos.

Si cuando comiences a prepararte para este examen sientes que no tienes los conocimientos necesarios para comprender de lleno el material, puedes regresarte unos pasos y comenzar con la revisión del material disponible para las certificaciones CompTIA ITF+, CompTIA A+ y CompTIA Network+. Esto te ayudará a construir una sólida base de conocimientos que no solo te servirá para el examen, sino para tu futuro rol en Ciberseguridad. De igual forma, estas certificaciones te ayudarán a adquirir los conocimientos básicos de las áreas de TI, programación, y redes que revisamos en la sección anterior.

- **ISC2 Certified in Cybersecurity (CC):** Es una nueva certificación que ISC2 recientemente lanzó para apoyar en la formación de más profesionales de Ciberseguridad con el objetivo de contribuir a cerrar la brecha que existe en la industria. La certificación valida que tienes el conocimiento fundamental, las capacidades y habilidades para desempeñar un rol de principiante en Ciberseguridad. El examen comprende 5 dominios: principios de seguridad; conceptos de continuidad del negocio, recuperación ante desastres y respuesta a incidentes de seguridad; conceptos de control de accesos; seguridad de las redes y seguridad de operaciones. Tiene una duración de dos horas y cuenta con 100 preguntas de opción múltiple.

  Al momento que estoy escribiendo este libro, ISC2 tiene abierto un programa de exámenes de certificación y entrenamiento gratuito. Si esta certificación es de tu interés, entra al sitio oficial de ISC2 para consultar las bases del programa.

Es importante recordar que pasar el examen de certificación y tener un certificado con tu nombre es solo el primer paso. Cada certificación tiene un periodo de validez. Si no quieres que tu certificación venza y tener que empezar de nuevo el proceso de certificación, debes revisar atentamente los requisitos que debes de cumplir para mantenerla. Como ya hemos mencionado, los profesionales del área de Ciberseguridad deben mantenerse en constante actualización, así que cumplir con los requisitos para mantener una certificación no debería de representar un problema.

Habilidades blandas

Actualmente, el desarrollo de las habilidades blandas, también conocidas en inglés como *soft skills*, ha cobrado una gran importancia, ya que se ha demostrado que se requieren de profesionales balanceados que puedan resolver problemas de manera eficiente y de forma acertada minimizando su impacto a la seguridad de la empresa, lo cual requiere no solo de conocimientos técnicos.

En esta sección mencionaremos las habilidades blandas que son clave para los profesionales de Ciberseguridad.

📝 Resolución de problemas
Se refiere a la habilidad para identificar y resolver problemas de seguridad de manera eficiente y efectiva.

📝 Creatividad
Se refiere a la capacidad de crear nuevas ideas, de establecer nuevas asociaciones entre ideas y conceptos; con el objetivo de resolver problemas, impulsar la innovación y responder a amenazas.

📝 Pensamiento crítico y analítico
Se refiere a la habilidad de analizar situaciones complejas, identificar riesgos potenciales y desarrollar soluciones efectivas para resolver problemas de seguridad.

📝 Pensamiento estratégico
Se refiere a la capacidad de aprender a ver lo que nadie ve con el objetivo de planificar, predecir y aplicar opciones para proteger información o sistemas.

📝 Atención a los detalles
Se refiere a la habilidad de concentrarse en los detalles de la actividad que se realiza para evitar pequeños errores o descuidos que pueden tener graves consecuencias, como comprometer la seguridad de un sistema.

📝 Trabajo en equipo y colaboración
Se refiere a la capacidad de llevar a cabo una tarea de forma organizada junto a otros compañeros. Esto permite responder más rápido a las amenazas y fortalecer la postura de seguridad de una organización.

📝 Curiosidad
Como ya lo hemos mencionado, Ciberseguridad es un área en constante evolución, por eso es imperativo desarrollar el deseo de conocer y aprender cosas nuevas.

📝 Comunicación efectiva
Se refiere a la capacidad de transmitir información relacionada a Ciberseguridad de forma clara y entendible, tanto de forma verbal como escrita.

📝 Gestión de tiempo y organización
Se refiere a la capacidad de organizar y priorizar tareas, cumplir con las fechas de entrega pactadas y gestionar múltiples proyectos de manera eficiente.

📝 Inteligencia emocional
Se refiere a la habilidad de reconocer y comprender las emociones de los demás y las propias, lo cual contribuye de forma positiva a la colaboración y el trabajo en equipo.

📝 Habilidades de liderazgo
Se refiere a la capacidad de influir, motivar y guiar a un equipo o al personal en general.

📝 Habilidades de resolución de conflictos
Se refiere a la capacidad de resolver problemas de manera pacífica entre las partes interesadas.

📝 Capacidad de adaptación
Se refiere a la capacidad de modificar el comportamiento y ajustarse a diferentes situaciones y personas de forma rápida y adecuada.
Ciberseguridad implica enfrentar constantes nuevos desafíos y amenazas, por lo que la capacidad de adaptación es crítica.

📝 Resiliencia y gestión de estrés
Se refiere a la capacidad de manejar la presión y mantener la calma en situaciones críticas.

✏️ Ética profesional
Se refiere a los valores y las normas que determinan como actuamos.

✏️ Integridad
Se refiere a actuar de manera honesta, íntegra y trasparente.

Si bien es cierto que existe una gran variedad de cursos y talleres que te pueden proporcionar consejos para el desarrollo de habilidades blandas, la realidad es que es un proceso que requiere de tiempo y dedicación. A continuación, te comparto cinco recomendaciones que pueden ayudarte:
1. Salir de tu zona de confort: Acepta nuevos retos que te ayuden a practicar tus habilidades.
2. Observa y aprende de otros.
3. Mantente abierto a la retroalimentación.
4. Gestiona tus emociones: Aprende cuales son los detonantes de tus emociones para poder controlarlas en situaciones de estrés.
5. Trabaja en equipo.

Idiomas

En el mundo globalizado en el que vivimos, saber más de un idioma se ha convertido en una necesidad tan importante como desarrollar tus conocimientos técnicos y habilidades blandas.
El inglés es el idioma más hablado en el mundo empresarial y, sobre todo, en el mundo de la Tecnología de la Información. Dominarlo te abrirá puertas a más y mejores oportunidades de trabajo, a conectar con más personas, y por supuesto, te dará acceso a valiosos recursos para ampliar tus conocimientos.

Si aprender inglés no ha sido de gran importancia para ti hasta ahora, es momento de reordenar tu lista de prioridades profesionales.

Mentoría

La mentoría es una relación profesional en la que una persona con mayor experiencia ayuda a otra persona con menor experiencia. Tener un mentor al iniciar tu carrera profesional o buscar un cambio en la misma te puede ayudar a desarrollar habilidades, tomar decisiones informadas, evitar errores, mejorar tu autoconocimiento, ampliar tus conexiones profesionales y desarrollar tus habilidades de liderazgo. Es importante mencionar que la mentoría requiere compromiso y dedicación por ambas partes para lograr ser una relación efectiva.
Si conoces a alguien que tenga una carrera que te inspire, acércate a preguntar si una mentoría es posible.

Conexiones profesionales

Crear conexiones profesionales al iniciar tu carrera o prepararte para cambiar de carrera es importante porque puede ayudarte a conseguir una oportunidad laboral; conocer gente de distintos niveles profesionales y diferente formación; aumentar tu confianza profesional; ampliar la visibilidad de tu perfil; crear vínculos y oportunidades; etc.
Si no lo has hecho, es momento de crear tu perfil profesional en LinkedIn. LinkedIn es una red social profesional que te permite conectarte con otros profesionales, empresas y buscar trabajo. Por lo que, será clave para lograr tu objetivo final.

Desarrollar un plan de acción

Ha llegado el momento de tomar acción y hacer uso de lo que has aprendido en este libro para iniciar tu carrera profesional en Ciberseguridad. Es hora de idear un plan de acción que te permita alcanzar tu objetivo.

A continuación, te dejo algunas ideas que pueden ayudarte a comenzar tu plan:

Definición de Objetivos

Para definir objetivos a corto y largo plazo, es necesario tener claro a donde queremos llegar. Para ello, deberás reflexionar sobre la información que revisamos en este libro y definir que pilar despierta en ti la curiosidad de aprender.

Encontrar un rol en el área que selecciones será tu objetivo a largo plazo. Los pequeños pasos que deberás completar para lograr tu objetivo final constituyen tus objetivos a corto plazo.

Por ejemplo, si tu objetivo a largo plazo es encontrar un trabajo en el departamento de Gobernanza, Gestión de Riesgos y Cumplimiento (GRC). Tus objetivos a corto plazo deberían de incluir:

- Trabajar en tus conocimientos técnicos.
- Trabajar en tus habilidades blandas.
- Dominar el idioma inglés.
- Crear o actualizar tu perfil profesional en LinkedIn.
- Comenzar a crear conexiones profesionales ligadas a Ciberseguridad.

Definición de acciones

Cada objetivo a corto plazo está compuesto de una lista de acciones que deberás realizar para completarlo. Invierte el tiempo necesario en escribir la lista para cada objetivo.

Definición de tiempos

Especificar una fecha en la cual debamos alcanzar los objetivos nos ayudara a darles prioridad sobre todas las cosas que suceden en nuestra vida. Por lo tanto, una vez que tengas la lista de objetivos a corto plazo, define las fechas especificas en las cuales deberás de completarlos. Puedes hacer lo mismo con las acciones que incluiste en cada objetivo.

Finalmente, siempre recuerda que tu carrera profesional es lo que tú haces de ella. En ti está tomar el control de tu vida y tu futuro.

Descargo de Responsabilidad

El contenido de este libro tiene exclusivamente una finalidad informativa y se basa en los conocimientos de la autora en el momento de la publicación. La autora solicita a los lectores a hacer un uso ético y legal de la información proporcionada.

La información contenida en este libro no debe interpretarse como asesoramiento vocacional. Se recomienda consultar a un psicólogo o profesional de Ciberseguridad certificado para obtener asesoramiento personalizado.

La autora no se hace responsable de los resultados obtenidos por el lector a partir de la información contenida en este libro. Los resultados dependerán de diversos factores, incluyendo el esfuerzo, la dedicación y las decisiones del lector.

Ciberseguridad es un campo en constante evolución. Por lo tanto, algunos datos o herramientas mencionados podrían quedar obsoletos. Se recomienda al lector verificar la información antes de implementarla.

Las imágenes incluidas en este libro fueron generadas usando Google Gemini.

Agradecimientos

A mi esposo, Eber García, quien siempre me ha dado su apoyo incondicional y me ha empujado a seguir mis sueños.

A mi amiga, Sully Torres, por acompañarme cada día en esta aventura.

A mis padres, por inspirarme a ser la mejor versión de mí misma.

www.ingramcontent.com/pod-product-compliance
Lightning Source LLC
La Vergne TN
LVHW012337060326
832902LV00012B/1919